Dieses Buch gehört:

Standort:

DATUM:

WETTER:

HEUTE ERLEBT:

HEUTE GESEHEN:

HEUTE GEGESSEN:

HEUTE GELERNT:

Zeichne, was Du gesehen hast:

SO WAR MEIN TAG:

LIEBLINGSERINNERUNG HEUTE:

DAFÜR BIN ICH DANKBAR:

Standort:

DATUM:

WETTER:

HEUTE ERLEBT:

HEUTE GESEHEN:

HEUTE GEGESSEN:

HEUTE GELERNT:

Zeichne, was Du gesehen hast:

SO WAR MEIN TAG:

LIEBLINGSERINNERUNG HEUTE:

DAFÜR BIN ICH DANKBAR:

Standort: _____

DATUM: _____

WETTER:

HEUTE ERLEBT: _____

_____

_____

_____

- - - - - - - - - - - - - - -

HEUTE GESEHEN: _____

_____

_____

- - - - - - - - - - - - - - -

HEUTE GEGESSEN: _____

_____

_____

- - - - - - - - - - - - - - -

HEUTE GELERNT: _____

_____

_____

_____

Zeichne, was Du gesehen hast:

SO WAR MEIN TAG:

LIEBLINGSERINNERUNG HEUTE: _____

DAFÜR BIN ICH DANKBAR: _____

Standort:

DATUM:

WETTER:

HEUTE ERLEBT:

HEUTE GESEHEN:

HEUTE GEGESSEN:

HEUTE GELERNT:

Zeichne, was Du gesehen hast:

SO WAR MEIN TAG:

LIEBLINGSERINNERUNG HEUTE: _____

DAFÜR BIN ICH DANKBAR: _____

Standort:

DATUM:

WETTER:

N
W · E
S

HEUTE ERLEBT:

HEUTE GESEHEN:

HEUTE GEGESSEN:

HEUTE GELERNT:

Zeichne, was Du gesehen hast:

SO WAR MEIN TAG:

LIEBLINGSERINNERUNG HEUTE:

DAFÜR BIN ICH DANKBAR:

Standort:

DATUM:

WETTER:

HEUTE ERLEBT:

HEUTE GESEHEN:

HEUTE GEGESSEN:

HEUTE GELERNT:

Zeichne, was Du gesehen hast:

SO WAR MEIN TAG:

LIEBLINGSERINNERUNG HEUTE: _____

DAFÜR BIN ICH DANKBAR: _____

Standort: ....

N
W   E   ....
S

WETTER: ....

HEUTE ERLEBT: ....

HEUTE GESEHEN: ....

HEUTE GEGESSEN: ....

HEUTE GELERNT: ....

Zeichne, was Du gesehen hast:

SO WAR MEIN TAG:

LIEBLINGSERINNERUNG HEUTE: _____

DAFÜR BIN ICH DANKBAR: _____

Standort: _____

DATUM: _____

N
W — E
S

WETTER:

☀ ⛅ ☁ 🌧

HEUTE ERLEBT: _____

_____

_____

_____

_____

- - - - - - - - - - - - - - - - - - - -

HEUTE GESEHEN: _____

_____

_____

- - - - - - - - - - - - - - - - - - - -

HEUTE GEGESSEN: _____

_____

_____

- - - - - - - - - - - - - - - - - - - -

HEUTE GELERNT: _____

_____

_____

_____

_____

_____

•••

Zeichne, was Du gesehen hast:

•••

SO WAR MEIN TAG:

- -

LIEBLINGSERINNERUNG HEUTE: _____

- -

DAFÜR BIN ICH DANKBAR: _____

Standort:

DATUM:

WETTER:

HEUTE ERLEBT:

HEUTE GESEHEN:

HEUTE GEGESSEN:

HEUTE GELERNT:

Zeichne, was Du gesehen hast:

SO WAR MEIN TAG:

LIEBLINGSERINNERUNG HEUTE:

DAFÜR BIN ICH DANKBAR:

Standort: _____

DATUM: _____

WETTER:

HEUTE ERLEBT: _____

HEUTE GESEHEN: _____

HEUTE GEGESSEN: _____

HEUTE GELERNT: _____

Zeichne, was Du gesehen hast:

SO WAR MEIN TAG:

LIEBLINGSERINNERUNG HEUTE:

DAFÜR BIN ICH DANKBAR:

Standort:

_____

_____

DATUM: _____

WETTER:

HEUTE ERLEBT: _____

_____

_____

_____

_____

HEUTE GESEHEN: _____

_____

_____

HEUTE GEGESSEN: _____

_____

_____

HEUTE GELERNT: _____

_____

_____

_____

_____

Zeichne, was Du gesehen hast:

SO WAR MEIN TAG:

LIEBLINGSERINNERUNG HEUTE:

DAFÜR BIN ICH DANKBAR:

Standort: _____

N
W ✦ E
S
_____

WETTER:

HEUTE ERLEBT: _____
_____
_____
_____
_____
_____

HEUTE GESEHEN: _____
_____
_____
_____

HEUTE GEGESSEN: _____
_____
_____
_____

HEUTE GELERNT: _____
_____
_____
_____
_____
_____

Zeichne, was Du gesehen hast:

SO WAR MEIN TAG:

LIEBLINGSERINNERUNG HEUTE:

DAFÜR BIN ICH DANKBAR:

Standort: _____

DATUM: _____

WETTER:

HEUTE ERLEBT: _____
_____
_____
_____
_____
_____

HEUTE GESEHEN: _____
_____
_____
_____

HEUTE GEGESSEN: _____
_____
_____

HEUTE GELERNT: _____
_____
_____
_____
_____
_____

Zeichne, was Du gesehen hast:

SO WAR MEIN TAG:

LIEBLINGSERINNERUNG HEUTE:

DAFÜR BIN ICH DANKBAR:

Standort:

DATUM:

WETTER:

N · W · E · S

HEUTE ERLEBT:

HEUTE GESEHEN:

HEUTE GEGESSEN:

HEUTE GELERNT:

Zeichne, was Du gesehen hast:

SO WAR MEIN TAG:

LIEBLINGSERINNERUNG HEUTE:

DAFÜR BIN ICH DANKBAR:

Standort:

N
W E
S

WETTER:

HEUTE ERLEBT:

HEUTE GESEHEN:

HEUTE GEGESSEN:

HEUTE GELERNT:

Zeichne, was Du gesehen hast:

SO WAR MEIN TAG:

- -

LIEBLINGSERINNERUNG HEUTE: _____

- -

DAFÜR BIN ICH DANKBAR: _____

Standort:

DATUM:

WETTER:

N
W · E
S

HEUTE ERLEBT:

HEUTE GESEHEN:

HEUTE GEGESSEN:

HEUTE GELERNT:

Zeichne, was Du gesehen hast:

SO WAR MEIN TAG:

- - - - - - - - - - - - - - - - - -

LIEBLINGSERINNERUNG HEUTE: _____

- - - - - - - - - - - - - - - - - -

DAFÜR BIN ICH DANKBAR: _____

Standort:

DATUM:

N
W — E
S

WETTER:

HEUTE ERLEBT:

HEUTE GESEHEN:

HEUTE GEGESSEN:

HEUTE GELERNT:

Zeichne, was Du gesehen hast:

SO WAR MEIN TAG:

LIEBLINGSERINNERUNG HEUTE:

DAFÜR BIN ICH DANKBAR:

Standort: _____

N
W   E
S
_____

WETTER:

☀ ⛅ ☁ 🌧

HEUTE ERLEBT: _____

_____

_____

_____

_____

- - - - - - - - - - -

HEUTE GESEHEN: _____

_____

_____

_____

- - - - - - - - - - -

HEUTE GEGESSEN: _____

_____

_____

_____

- - - - - - - - - - -

HEUTE GELERNT: _____

_____

_____

_____

_____

_____

Zeichne, was Du gesehen hast:

SO WAR MEIN TAG:

LIEBLINGSERINNERUNG HEUTE:

DAFÜR BIN ICH DANKBAR:

Standort:

DATUM:

WETTER:

HEUTE ERLEBT:

HEUTE GESEHEN:

HEUTE GEGESSEN:

HEUTE GELERNT:

Zeichne, was Du gesehen hast:

SO WAR MEIN TAG:

LIEBLINGSERINNERUNG HEUTE:

DAFÜR BIN ICH DANKBAR:

Standort:

DATUM:

N
W E
S

WETTER:

HEUTE ERLEBT:

HEUTE GESEHEN:

HEUTE GEGESSEN:

HEUTE GELERNT:

Zeichne, was Du gesehen hast:

SO WAR MEIN TAG:

LIEBLINGSERINNERUNG HEUTE:

DAFÜR BIN ICH DANKBAR:

Standort: _____

DATUM: _____

N
W ● E
S

WETTER:

☀ ⛅ ☁ 🌧

HEUTE ERLEBT: _____
_____
_____
_____
_____
_____

HEUTE GESEHEN: _____
_____
_____
_____

HEUTE GEGESSEN: _____
_____
_____
_____

HEUTE GELERNT: _____
_____
_____
_____
_____

Zeichne, was Du gesehen hast:

SO WAR MEIN TAG:

LIEBLINGSERINNERUNG HEUTE:

DAFÜR BIN ICH DANKBAR:

Standort: _____

N
W E
S

WETTER:

HEUTE ERLEBT: _____

HEUTE GESEHEN: _____

HEUTE GEGESSEN: _____

HEUTE GELERNT: _____

Zeichne, was Du gesehen hast:

SO WAR MEIN TAG:

LIEBLINGSERINNERUNG HEUTE:

DAFÜR BIN ICH DANKBAR:

Standort:

DATUM:

N
W · E
S

WETTER:

HEUTE ERLEBT:

HEUTE GESEHEN:

HEUTE GEGESSEN:

HEUTE GELERNT:

Zeichne, was Du gesehen hast:

SO WAR MEIN TAG:

LIEBLINGSERINNERUNG HEUTE:

DAFÜR BIN ICH DANKBAR:

Standort:

DATUM:

WETTER:

N
W E
S

HEUTE ERLEBT:

HEUTE GESEHEN:

HEUTE GEGESSEN:

HEUTE GELERNT:

Zeichne, was Du gesehen hast:

SO WAR MEIN TAG:

LIEBLINGSERINNERUNG HEUTE:

DAFÜR BIN ICH DANKBAR:

Standort:

DATUM:

WETTER:

HEUTE ERLEBT:

HEUTE GESEHEN:

HEUTE GEGESSEN:

HEUTE GELERNT:

Zeichne, was Du gesehen hast:

SO WAR MEIN TAG:

LIEBLINGSERINNERUNG HEUTE:

DAFÜR BIN ICH DANKBAR:

Standort: _____

DATUM: _____

N
W E
S

WETTER:

HEUTE ERLEBT: _____

HEUTE GESEHEN: _____

HEUTE GEGESSEN: _____

HEUTE GELERNT: _____

Zeichne, was Du gesehen hast:

SO WAR MEIN TAG:

LIEBLINGSERINNERUNG HEUTE:

DAFÜR BIN ICH DANKBAR:

Standort:

DATUM:

WETTER:

N
W E
S

HEUTE ERLEBT:

HEUTE GESEHEN:

HEUTE GEGESSEN:

HEUTE GELERNT:

Zeichne, was Du gesehen hast:

SO WAR MEIN TAG:

LIEBLINGSERINNERUNG HEUTE:

DAFÜR BIN ICH DANKBAR:

Standort:

DATUM:

WETTER:

HEUTE ERLEBT:

HEUTE GESEHEN:

HEUTE GEGESSEN:

HEUTE GELERNT:

Zeichne, was Du gesehen hast:

SO WAR MEIN TAG:

LIEBLINGSERINNERUNG HEUTE:

DAFÜR BIN ICH DANKBAR:

Standort:

N
W E
S

WETTER:

HEUTE ERLEBT:

HEUTE GESEHEN:

HEUTE GEGESSEN:

HEUTE GELERNT:

Zeichne, was Du gesehen hast:

SO WAR MEIN TAG:

LIEBLINGSERINNERUNG HEUTE:

DAFÜR BIN ICH DANKBAR:

Standort:

DATUM:

N
W E
S

WETTER:

HEUTE ERLEBT:

HEUTE GESEHEN:

HEUTE GEGESSEN:

HEUTE GELERNT:

Zeichne, was Du gesehen hast:

SO WAR MEIN TAG:

LIEBLINGSERINNERUNG HEUTE:

DAFÜR BIN ICH DANKBAR:

Standort:

DATUM:

WETTER:

N
W E
S

HEUTE ERLEBT:

HEUTE GESEHEN:

HEUTE GEGESSEN:

HEUTE GELERNT:

Zeichne, was Du gesehen hast:

SO WAR MEIN TAG:

LIEBLINGSERINNERUNG HEUTE:

DAFÜR BIN ICH DANKBAR:

Standort: _____

DATUM: _____

```
      N
 W ---+--- E
      S
```
_____
_____

WETTER:

☀ 🌤 ☁ 🌧

• •

HEUTE ERLEBT: _____
_____
_____
_____
_____

- -

HEUTE GESEHEN: _____
_____
_____
_____

- -

HEUTE GEGESSEN: _____
_____
_____
_____

- -

HEUTE GELERNT: _____
_____
_____
_____
_____
_____

Zeichne, was Du gesehen hast:

SO WAR MEIN TAG:

LIEBLINGSERINNERUNG HEUTE:

DAFÜR BIN ICH DANKBAR:

Standort: _____

DATUM: _____

WETTER:

HEUTE ERLEBT: _____
_____
_____
_____
_____
_____

HEUTE GESEHEN: _____
_____
_____
_____

HEUTE GEGESSEN: _____
_____
_____
_____

HEUTE GELERNT: _____
_____
_____
_____
_____
_____

Zeichne, was Du gesehen hast:

SO WAR MEIN TAG:

- - - - - - - - - - - - - - - - -

LIEBLINGSERINNERUNG HEUTE:

- - - - - - - - - - - - - - - - -

DAFÜR BIN ICH DANKBAR:

Standort:

DATUM:

WETTER:

N
W E
S

HEUTE ERLEBT:

HEUTE GESEHEN:

HEUTE GEGESSEN:

HEUTE GELERNT:

Zeichne, was Du gesehen hast:

SO WAR MEIN TAG:

LIEBLINGSERINNERUNG HEUTE: _____

DAFÜR BIN ICH DANKBAR: _____

Standort: _____

DATUM: _____

WETTER:

N

W ✦ E

S

- -

HEUTE ERLEBT: _____

_____

_____

_____

_____

- - - - - - - - - - - - - - - - - - -

HEUTE GESEHEN: _____

_____

_____

- - - - - - - - - - - - - - - - - - -

HEUTE GEGESSEN: _____

_____

_____

- - - - - - - - - - - - - - - - - - -

HEUTE GELERNT: _____

_____

_____

_____

Zeichne, was Du gesehen hast:

SO WAR MEIN TAG:

LIEBLINGSERINNERUNG HEUTE: _____
_____
_____
_____
_____

DAFÜR BIN ICH DANKBAR: _____
_____
_____
_____
_____

Standort:

DATUM:

N
W E
S

WETTER:

HEUTE ERLEBT:

HEUTE GESEHEN:

HEUTE GEGESSEN:

HEUTE GELERNT:

Zeichne, was Du gesehen hast:

SO WAR MEIN TAG:

LIEBLINGSERINNERUNG HEUTE:

DAFÜR BIN ICH DANKBAR:

Standort: _____

N

W ✦ E

S

DATUM: _____

WETTER:

☀ ⛅ ☁ 🌧

HEUTE ERLEBT: _____
_____
_____
_____
_____
_____

HEUTE GESEHEN: _____
_____
_____
_____

HEUTE GEGESSEN: _____
_____
_____
_____

HEUTE GELERNT: _____
_____
_____
_____
_____
_____

Zeichne, was Du gesehen hast:

SO WAR MEIN TAG:

LIEBLINGSERINNERUNG HEUTE:

DAFÜR BIN ICH DANKBAR:

Standort:

N
W   E
S

DATUM:

WETTER:

HEUTE ERLEBT:

HEUTE GESEHEN:

HEUTE GEGESSEN:

HEUTE GELERNT:

Zeichne, was Du gesehen hast:

SO WAR MEIN TAG:

LIEBLINGSERINNERUNG HEUTE:

DAFÜR BIN ICH DANKBAR:

Standort: _____

DATUM: _____

N
W ✦ E
S

WETTER: ☀ ⛅ ☁ 🌧

● ●

HEUTE ERLEBT: _____

_____

_____

_____

_____

- -

HEUTE GESEHEN: _____

_____

_____

_____

- -

HEUTE GEGESSEN: _____

_____

_____

_____

- -

HEUTE GELERNT: _____

_____

_____

_____

_____

Zeichne, was Du gesehen hast:

SO WAR MEIN TAG:

LIEBLINGSERINNERUNG HEUTE: _____

DAFÜR BIN ICH DANKBAR: _____

Standort: _____

DATUM: _____

```
      N
   W ─╪─ E
      S
```
_____
_____

WETTER:

☀ ⛅ ☁ 🌧

●●

HEUTE ERLEBT: _____
_____
_____
_____
_____
_____

HEUTE GESEHEN: _____
_____
_____
_____

HEUTE GEGESSEN: _____
_____
_____
_____

HEUTE GELERNT: _____
_____
_____
_____
_____
_____

Zeichne, was Du gesehen hast:

SO WAR MEIN TAG:

LIEBLINGSERINNERUNG HEUTE:

DAFÜR BIN ICH DANKBAR:

Standort:

DATUM:

WETTER:

N
W E
S

HEUTE ERLEBT:

HEUTE GESEHEN:

HEUTE GEGESSEN:

HEUTE GELERNT:

Zeichne, was Du gesehen hast:

SO WAR MEIN TAG:

LIEBLINGSERINNERUNG HEUTE:

DAFÜR BIN ICH DANKBAR:

Standort: _____

DATUM: _____

WETTER:

HEUTE ERLEBT: _____
_____
_____
_____
_____
_____

HEUTE GESEHEN: _____
_____
_____
_____

HEUTE GEGESSEN: _____
_____
_____
_____

HEUTE GELERNT: _____
_____
_____
_____
_____
_____

N
W E
S

Zeichne, was Du gesehen hast:

SO WAR MEIN TAG:

LIEBLINGSERINNERUNG HEUTE:

DAFÜR BIN ICH DANKBAR:

Standort: _____

DATUM: _____

WETTER:

HEUTE ERLEBT: _____

HEUTE GESEHEN: _____

HEUTE GEGESSEN: _____

HEUTE GELERNT: _____

Zeichne, was Du gesehen hast:

SO WAR MEIN TAG:

LIEBLINGSERINNERUNG HEUTE:

DAFÜR BIN ICH DANKBAR:

Standort:

DATUM:

WETTER:

N
W E
S

HEUTE ERLEBT:

HEUTE GESEHEN:

HEUTE GEGESSEN:

HEUTE GELERNT:

Zeichne, was Du gesehen hast:

SO WAR MEIN TAG:

LIEBLINGSERINNERUNG HEUTE:

DAFÜR BIN ICH DANKBAR:

Standort:

_____

DATUM: _____

_____

WETTER:

_____

N
W · E
S

HEUTE ERLEBT: _____

_____

_____

_____

_____

_____

HEUTE GESEHEN: _____

_____

_____

_____

HEUTE GEGESSEN: _____

_____

_____

_____

HEUTE GELERNT: _____

_____

_____

_____

_____

_____

Zeichne, was Du gesehen hast:

SO WAR MEIN TAG:

LIEBLINGSERINNERUNG HEUTE:

DAFÜR BIN ICH DANKBAR:

Standort: _____

N
W E
S

WETTER:

HEUTE ERLEBT: _____
_____
_____
_____
_____
_____

HEUTE GESEHEN: _____
_____
_____
_____

HEUTE GEGESSEN: _____
_____
_____
_____

HEUTE GELERNT: _____
_____
_____
_____
_____
_____

Zeichne, was Du gesehen hast:

SO WAR MEIN TAG:

LIEBLINGSERINNERUNG HEUTE:

DAFÜR BIN ICH DANKBAR:

Standort:

_____
_____

N
W E
S

DATUM: _____

WETTER:

HEUTE ERLEBT:
_____
_____
_____
_____
_____

HEUTE GESEHEN:
_____
_____
_____
_____

HEUTE GEGESSEN:
_____
_____
_____
_____

HEUTE GELERNT:
_____
_____
_____
_____
_____

Zeichne, was Du gesehen hast:

SO WAR MEIN TAG:

LIEBLINGSERINNERUNG HEUTE:

DAFÜR BIN ICH DANKBAR:

Standort:

_____

_____

N
W E
S

DATUM: _____

WETTER:

_____

HEUTE ERLEBT: _____

_____

_____

_____

_____

_____

HEUTE GESEHEN: _____

_____

_____

_____

HEUTE GEGESSEN: _____

_____

_____

_____

HEUTE GELERNT: _____

_____

_____

_____

_____

_____

_____

Zeichne, was Du gesehen hast:

SO WAR MEIN TAG:

LIEBLINGSERINNERUNG HEUTE:

DAFÜR BIN ICH DANKBAR:

Standort:

DATUM:

WETTER:

N
W E
S

HEUTE ERLEBT:

HEUTE GESEHEN:

HEUTE GEGESSEN:

HEUTE GELERNT:

⬤⬤⬤⬤⬤⬤⬤⬤⬤⬤⬤⬤⬤⬤⬤⬤⬤⬤⬤⬤⬤⬤⬤⬤⬤⬤⬤⬤⬤⬤⬤⬤⬤⬤⬤⬤⬤

Zeichne, was Du gesehen hast:

⬤⬤⬤⬤⬤⬤⬤⬤⬤⬤⬤⬤⬤⬤⬤⬤⬤⬤⬤⬤⬤⬤⬤⬤⬤⬤⬤⬤⬤⬤⬤⬤⬤⬤⬤⬤⬤

SO WAR MEIN TAG:

LIEBLINGSERINNERUNG HEUTE:

DAFÜR BIN ICH DANKBAR:

Standort: _____

DATUM: _____

WETTER:

HEUTE ERLEBT: _____
_____
_____
_____
_____
_____

HEUTE GESEHEN: _____
_____
_____
_____

HEUTE GEGESSEN: _____
_____
_____
_____

HEUTE GELERNT: _____
_____
_____
_____
_____
_____

Zeichne, was Du gesehen hast:

SO WAR MEIN TAG:

LIEBLINGSERINNERUNG HEUTE:

DAFÜR BIN ICH DANKBAR:

Standort:

DATUM:

WETTER:

HEUTE ERLEBT:

HEUTE GESEHEN:

HEUTE GEGESSEN:

HEUTE GELERNT:

Zeichne, was Du gesehen hast:

SO WAR MEIN TAG:

LIEBLINGSERINNERUNG HEUTE:

DAFÜR BIN ICH DANKBAR:

Standort:

DATUM:

WETTER:

HEUTE ERLEBT:

HEUTE GESEHEN:

HEUTE GEGESSEN:

HEUTE GELERNT:

Zeichne, was Du gesehen hast:

SO WAR MEIN TAG:

LIEBLINGSERINNERUNG HEUTE:

DAFÜR BIN ICH DANKBAR:

Standort: _____

DATUM: _____

WETTER: ☀ ⛅ ☁ 🌧

HEUTE ERLEBT: _____

_____

_____

_____

_____

HEUTE GESEHEN: _____

_____

_____

_____

HEUTE GEGESSEN: _____

_____

_____

_____

HEUTE GELERNT: _____

_____

_____

_____

_____

Zeichne, was Du gesehen hast:

SO WAR MEIN TAG:

LIEBLINGSERINNERUNG HEUTE:

DAFÜR BIN ICH DANKBAR:

Standort:

_____

_____

DATUM: _____

WETTER:

HEUTE ERLEBT: _____
_____
_____
_____
_____
_____

HEUTE GESEHEN: _____
_____
_____
_____

HEUTE GEGESSEN: _____
_____
_____
_____

HEUTE GELERNT: _____
_____
_____
_____
_____
_____

Zeichne, was Du gesehen hast:

SO WAR MEIN TAG:

LIEBLINGSERINNERUNG HEUTE:

DAFÜR BIN ICH DANKBAR:

Standort:

DATUM:

N
W — E
S

WETTER:

HEUTE ERLEBT:

HEUTE GESEHEN:

HEUTE GEGESSEN:

HEUTE GELERNT:

Zeichne, was Du gesehen hast:

SO WAR MEIN TAG:

LIEBLINGSERINNERUNG HEUTE:

DAFÜR BIN ICH DANKBAR:

Printed in Poland
by Amazon Fulfillment
Poland Sp. z o.o., Wrocław

36325449R00065